SILENCIO EN EL PARAÍSO

SILENCIO EN EL PARAÍSO

GERMÁN A. DE LA REZA

EPÍLOGO
GERMÁN A. DE LA REZA
Y ADOLFO CÁCERES ROMERO

Valparaíso
EDICIONES

Número 445 de la Colección VALPARAÍSO DE POESÍA
dirigida por FEDERICO DÍAZ-GRANADOS

Primera edición: octubre de 2024

© De los poemas: Germán A. de la Reza

© Valparaíso Ediciones
C/ Fray Leopoldo, 7 bajo, 18014 Granada
www.valparaisoediciones.es

ISBN: 978-84-10073-73-9
Depósito Legal: GR 1370-2024

Impreso en España - *Printed in Spain*
Gráficas Gami

SILENCIO EN EL PARAÍSO

EPÍGRAFE

Te sigo, diurno
sigo el cabeceo de tu mirada
mientras transcurre la prédica.

Palabra: cara o cruz
noviciado de moneda.
Sólo un canto: medallón o retrato,
una vez tu cuerpo ante la mirada.

Ahora que sucede
nuestro encuentro
en una luminosa grupa del silencio.

VIAJES ALREDEDOR DE UN SONETO

ESQUINA DE CANO

Trescientos serenos habrá el año
que enciendan de tardes y quietud
la humilde calle que abandonamos
en un cuenco del alma con desdén;

un farol en la esquina de Cano
forja con su diminuta testuz
las oscuras ventanas, el lento patio,
los ocasos cuando estabas tú.

Cavilando en los extravíos del tiempo
los puentes del mar y su náufrago doble
hay un día, una hora o menos, pienso,

que recoge en calendario de roble
la secreta felicidad que desecharon
todas las veces que hoy añoramos.

PLAZA COLÓN

Asido a un mendrugo que vela
el jardín de próceres ciudadanos
te duermes con tu norte de novela
ah, paisano, vagando en un huayno.

Vivas memorias sus rescoldos echan
a la estampa que doblan tus manos;
el parque nace lenta la estrella
que tiembla, rasga tu labio indiano.

Cuando el parque al fin amanezca
y los serenos tornen a halar tu manto
besarás furtivo el tibio retrato:

sonrisa núbil, rebozo blanco,
subiendo la calle Independencia
en saco de cargador provinciano.

JARDIN DU LUXEMBOURG

Compartido por el agua y el muro,
el frío atrincherado en un pedestal,
el féretro de la doncella da fin
a sus veces mudado en retablo oscuro.

De manchas, coplas y leve río mudo
un quicio de la tarde anuncia el fin
y si de dispersión llenara el jardín
denunciaran aves altas su conjuro.

Huidas de la sombra, fatuos abismos,
allí callan helechos que guarismo son
del blanco seno que han derrotado.

¿De mí, disperso encuentro en la lid
o del callado fraguar de un festín
nace esta distancia de extraviado?

GHARAPURI

Arnés forjado por la tempestad,
Isla Elefanta, quien te encuentra
convertida en sueño de piedra
en una breve plaza de altamar.

Túnel rumoroso, ubicuo espejo,
adarga de plata en la bruma
túnica derramada de la luna,
un monólogo de rostro ciego.

Saciada en el confín de la India
en la hora más altiva de Shiva,
escondes tu averno trinitario

en Gharapuri, cayo de quimeras
secuestrado a Dios y a su espera
con la gratitud de saberse soñado.

GAMLA STAN

La fundaron Birger Jarl y los vikingos
llegados con los trofeos marciales del sur.
Sus noches crecieron mansiones y presidios
bajo lunas recias y el asedio del Zar,

la vigilia le impuso duelos y recintos
asolados por el sueño y el dolor.
En profusas albas, bajo cielos raídos,
sus costas fueron el yelmo de alta mar.

(Un mozo cierra las puertas de la taberna,
el bazar sestea códices de Sigtuna,
la tarde inflama los lábaros de Gamla.

Del farol de Lilgatan resbala la luna.
Lenta por el amor, una pareja llama
a un portón de estrenadas madreselvas).

PRAHA

Academia de alquimistas, Praga,
fuego católico de luteranos,
amante libérrima de Tanatos,
quimera de sí misma, sien de plata.

Cerrado por el Vltava, tu alcázar
desciende el viejo puente de Carlos
mudado en una cuesta de prados
y en algo más: una rivera del alma.

Caminando por la calle del Oro
bajo las torres de Adán y Eva,
la tarde evoca la gesta del Golem.

Ese estrecho pasaje lo vio todo:
el gentío huyendo de un Doble
animado por cábalas blasfemas.

SILENCIO EN EL DÍA

ARS POETICA, OCULTACIÓN

La fuente se oculta bajo su sombra,
resurge y mengua
sobre otro acorde,
bebe con labios ralos el relente
vira en humo un lecho de bronce.

¡Cuánto semeja a su frágil quietud!
Se rocía con la luz
que alguna vez fue,
se troza con el filo de una veta
suspensa,
arrastrada hasta su invención.

SILENCIO EN EL DÍA

El día despierta en el cuerpo de alguien más.
Plagia una astilla,
desciende mil sirgas de luz hasta su cuerpo.
Rodea otro lunar de anélidos
y punza en medio de su espesor.
Echa el brazo a su hombro
espera sobre la vereda.
Y nada,
nadie cede su oscuridad.
El día cierra los ojos,
no es asunto de imaginación ni de esperanza:
el día va a morir en alguien más.

VENTANAL DESHABITADO

El tren sigue al tren que solía ser,
una estación después
desciende un pasajero con un féretro
sobre sus hombros de papel.

No es bueno tumbarse de pie
sobre los márgenes del cielo,
no es bueno desandar
biselados de mango que ya no existen.

No es bueno refugiar tus veces fugitivas
en un ventanal ciego.

TIRESIAS EN SU PROFECÍA

Tiresias blande su cintura hecha de sierpes,
dos machos ejecutores
y una hembra oscura.
Escala una tapia,
palpa la invisible aurora
con un espectro vecino.
Poco conoce de su mirada,
los lirios son fragancias
sin fondo,
los jinetes, estelas de piel.
Celando el don
de su profecía,
un día arrancaron su máscara
y en la sigilosa oquedad
encontraron un espejo.

LABOR DEL POEMA

> La première tâche du poète est
> de désancrer en nous une
> matière qui veut rêver.
> GASTON BACHELARD, *TÂCHE DU POÈME.*

Un ancla inmersa en estelas marinas,
una mariposa de oropel,
un péndulo
cuyos cuernos de cristal
alcanzan al color.
Cuando desanclas tu materia
y viras al abismo
desde viejas casualidades.
Y ocultas al silencio
la materia que deseas soñar.

EXISTES EN EL PORVENIR

Cruzas los dedos sobre mi frente
ahuecas tus ojos en los míos
con tu principio de mundo.
Pudiste encarnarme,
secreto maestro,
pero te convertiste en una faz
emigrada
con las penumbras de la tarde.
La mañana es como se presagiaba:
la recuperan simetrías,
hastíos del eco,
siluetas que velan tu ausencia.

De pronto te veo ascender
y escrutar mi mirada,
y desaparecer
en la imagen que me devuelves.

NOVENARIO

Oculto y anélido, remontas hasta la brisa
te desvaneces
con los susurros de un cortejo vespertino.
La bruma extiende tus cenizas
de una a otra orilla,
no alcanza ni impide tu perfil:
labra tus cabellos
sobre un espacioso incunable.
Nueve tardes, nueve
servirán al encargo de enrocarte
al noveno salmo.

UMBRA VITAE

> Wer stirbt, der setzt sich
> auf, sich zu erheben.
> GEORG HEYM, *UMBRA VITAE*.

Georg ingresa por sus falanges
hasta el enlosado del Havel.
Bucea en la penumbra,
rodea un altar y respira entre las sierpes
con una rebanada de piel.
¡Ah, tus fauces de rubí, *umbra vitae*,
avecita mutilada!
¡Que puedas huir!
¡Que puedas huir en esta madrugada de cristal!

MIRADA DISTINTA

Cuando te carcome la lluvia
y oculta tu fragancia
tras un funeral nómada.
Cuando las hiedras
dormitan una cosecha
y perecen bajo las campanas del sur.
Cuando tu silueta enfunda el relente
y se apodera
de tus ojos una mirada extranjera.

NADA ES POR SÍ MISMO

Si no es luz, habita en su doble.

Rueda con la lluvia
hasta un hexagrama de seis puntas,
escarba el recinto,
anega las sombras
con nuestro recorrido.
Camina otra vez
sobre la antigua calzada
y devela su sien salpicada de ónices grises.

Si no es luz, habita en su doble.

GEOGRAFÍAS DE LA AUSENCIA:
LO OSCURO ES EXACTO

RETORNO DE ULISES

> Dióse apariencia de anciano
> y se cubrió con ropa astrosa.
> *ODISEA*, CANTO VI, 456-457.

Dióse apariencia de anciano,
arrojó de sí la coraza de nácar gris
y llamó a un portón de largas cadenas doradas.
Vació su mirada
en ese reverso de acantilado.
Sus hombros
y su piel
semejaban lucernas
tajadas por la aurora.

Escurrió sus órbitas,
preguntó
y al fin le respondieron:
"Nadie te abrirá, forastero, mira al cielo".

WALHAUS, TE DEJAS IR

Despojado de tus formas, Walhaus,
nuevo en tu resplandor,
¿cuándo dejas de ser?
Tus falanges acarician tu falsa sien,
se pliegan a la vaga asunción
de un arcángel.
¿Cuándo dejas de ser?
Brotas entre camándulas,
Walhaus,
y descargas tu rostro en la lejanía.

¡Habla, amigo,
nada confiere grandeza
a duplicar tu ausencia!

DESPEDIDA DE MEGARA

PÍNDARO, *EPINICIOS ÍSTMICOS*, IV, 80.

Abre tus alas, Megara,
sean por dentro dos aurículas desnudas
y por fuera un cuervo sin alas.
Curtida gárgola
bajo la lluvia,
arabesco consumido a dentelladas
hasta mudar en tu perfil.
Nadie sospechó de tu distante partida,
Megara.
"Cuando regrese a Tebas
con sus hijos" —recitaron en sueños
los feligreses.

"Día de la memoria" —rectificó
desde algún cañaveral
la roída piel de tu cuerpo.

ADIÓS EN BUCAREST

Entre algarabías, espirales de vapor
y el estruendo de puertas de acero
se desprende el expreso Bucarest
-Bogor.

Esparce bocanadas de nieve
en el reverso del día
esparce la rúa que extiende
su lengua
hasta los huertos apacibles.

Una repetición de estanques
sepulta los bajos muros de Bogor.

En la ventana de un vagón
araña una niña
el cristal escarchado
como si escudriñara una herida.

HORA SEXTA, LITÚRGICA

El día avanza sobre su fragancia
de mirra:
pátina fría, un claustro,
una luz de cuanto declina la carne.
Entonces,
signo de los cielos,
la hora sexta encaja sus húmeros
en un saco viejo
y retrocede por innúmeras calzadas
hasta la primera campanada.

DESTIERRO VERTEBRADO

Devuelto a su diurna ausencia
a su repetido destierro,
desvanecida curva,
nómada clavada
a sus hombros antepasados.

Un ángel se sumerge sin rumbo,
llega al prójimo que emula sus preces.
Remero de doble nadir,
ave entrecortada
ah, vertebrado señuelo del azar.

OBITUARIO

Detienes una mirada, clavas
tu pequeña tarde
con banderillas de luz.

Si recortaras un brazo,
si sujetaras tu cintura
con un muñón sangriento
que cruza una fuente derruida.

Hoy no es tu cumpleaños
ni el aniversario
de tu deceso.
Y no sé por qué.

ESTACIÓN IMPROVISADA

Sea cual fuere tu rumbo
tus pasos persiguen una estela
de no pasos
así como la fatalidad persigue
un accidente
y el errante solitario a su imaginaria
multitud.

Regresas por tu piel bilocada
hasta los estanques de seda,
hasta una estación
ataviada de luz.

No vayas por las sombras
harto antes que tu ausencia.

MADRE

Vuelvo a nacerte, madre
entregada al oscuro atavío
de un cubilete.

Vuelvo a nacerte, madre
cuando las sombras esbozan
tu invisible sudario
y yo aprendo a susurrar.

Y remontas las fuentes
del Jordán
hasta las quemaduras
de tu sien cotidiana.

Vuelvo a nacerte
tras la vigilia,
tras el beso estriado
de aquella moribunda.

Y aprendo de ella a susurrar.

CAMPANA AL VUELO

Doble y libre, la campana mayor
transcurre en su ausencia
y arroja las sombras a la somanta.
Sombra, túnel etéreo.

Si juega a la perfección
e insiste
en escalarle muros al eco
—ruedo de anillas, fémur de plata y espejo—
brotará
entonces y solo entonces
más alta y extranjera.

Alojada en las jaulas del aire
hoy deambula su otredad:
si os parece una casualidad
sabed que no es
la primera vez.

PROCESIÓN DEL SANTO CIRIO

...santo cirio, ante
la imagen brilla.

JULIÁN DEL CASAL

Mirad, la procesión reza
por el camino del río
aupando un Santo Cirio.
Clava boyas a las sombras
insomnes de la vereda.
Un pastor irreverente
denuesta con breves salmos
el robo de sus miradas:
ved, el cortejo exalta
un relámpago inerte.

NOCHE ERRANTE

La noche aletea su levedad,
ojo bifronte, bruma,
alta bruma
penetrando la reseda
por el follaje de tiempos informes.

Estela: un alisio desliza su torso
sobre una bandera,
cada tanto se desnuda
de oscuridad
se convierte en un silencioso manantial.

Noche envuelta en la brisa,
quietud
vertebrada por la ausencia.

CREPÚSCULO

La noche resiste a su presagio,
al dorado farol
que ha dejado de anegarla.
Venero de voces,
luz capturada
por un sendero invisible,
hora
de un postigo despojado de umbral.
Paso inconcluso
en un paraíso yerto.

AMIGOS

Dio un paso fuera de si
y estrechó su propia mano
antes de envolverse
en la manzana de Magritte.

Supo cómo se extravían
sus veces
en reversa
dando íntimos pasos
fuera del recuerdo.

Regresó en cuanto dejó
de ahumar,
regresó por un porvenir gemelo.

Oh, secreto amigo,
dejaste en aquella hoguera
un trozo de infierno.

DE LA VISIÓN BIENAVENTURADA

La tarde cabalga una colina de cipreses,
desprende su cenit
de las horas vagabundas.
Si al espacio excede
el cuerpo en el que sueña,
hacia el alba se dará visión,
cada vez mayor tierra
de peregrinación.

SOMBRA DESATADA

Busco la esencia del vuelo.
CONSTANTIN BRÂNCUŞI

De espaldas solía recostarse
el vuelo
blanco de sus nostalgias celestiales.

Mudaba el flanco
su nuca de éter
y miraba su sombra proseguir
anclada
al planeta que labraba.

Boca esférica, sombra
desatada,
el invisible hecho carne
en la ausencia de la nostalgia.

...Alguna dama que persevera
con una blanda estrella
en la mirada.

ÚLTIMA CARTA

Helike perdura entre sus ruinas,
una silueta levanta el brazo
y sonríe.
El hermano que nunca se fue
empujado
por un dogal
sestea bajo un tamarindo
con anchas hojas de papel.

Papá lee trozos de una carta
y vuelve a sonreír.
Mis palmas crecen un ala,
sube sacudiendo sus yemas
encharcadas de transparencia.
No hay nada que quiera hacer
para dejar
de volar.

TERMINAL

Despierta en el andén de Almería
trajeado de forastero,
coge la punta del hilo
que lleva su propio minotauro.

Afronta los escalones y se desovilla
ante la bruma,
primero como negación
enseguida como origen.

Entre las sombras busca
un cuerpo,
su cuerpo, sí, la doble lucha
por habitar una ausencia.

L'ENFANT AUX CERISES

Alexandre chez M. Édouard
MANET, RUE LAVOISIER, 1858.

Monsieur Manet cubre de lapislázuli
un lecho de carmín,
unge de tonos frescos
un vestido suelto
y deja caer una perla de resina, arábiga
más que senegalesa.

Se empapa de rocío y aguamiel
lamina su palimpsesto
para otro día.
Pausa.

Monsieur Manet extiende una pátina
de goma
con gotas de glicerina
y un diminuto dedal de tierra sevillana.
Con su angulosa espátula
zanja los escondrijos de tu sien, muchacho,
memorias y atisbos
coreando tus ojos temblorosos.

Llegado un punto, Monsieur Manet
suspende el bastidor
y deja que la intimidad del lienzo
se adobe
con un fino trazo de alcohol.

Tercer acto.
El pincel entresaca de tus cabellos
una cuerda muy fina.
Parece un dogal
cuyas hebras aún gotean
en la ardiente herida
de tu cerviz.

UNA LETRA, LOEW DE PRAGA

Un día cualquiera convertiste
una tilde transparente
en agua
el agua en sangre
y un poco de sangre
en un gigantesco Golem de luz.

Pensaste en el varón
que separa
todo de sí,
témpano de sus veces
yema tenaz echada del dolor.

Hombre degradado,
ah truchimán gitano,
alma disuelta en las horas
paralelas,
renunciadas en un salmo.

No contiendes con Dios, rabino,
sino con su cómplice, el espanto.

Tú, doble caminante de espaldas
sefardíes,
eres cuanto descubres
en una esclusa de luz.
Escribir
tu destino elude una letra:

Emeth da vida, *Meth* la quita.

PASEO DEL TRANVÍA

Fuente vaqueros.
18 DE AGOSTO, 1936

Por entonces los tranvías hacían fila
a ambas orillas de Viznar
y te atrevías a dejar
un tomo *De Profundis*
junto al freno de tracción.

Un lunes de agosto, al anochecer
tus camaradas
desconocieron tus gestos,
cruzaron el ralo velo del mar.

Emilia y tus rugosos padres
fueron de largo hasta el alba
y tampoco supieron de tu duelo marcial.

¿Cuánto se escurrió del último cigarrillo,
cuánto, del medio pan de vida?

La madrugada se enseñoreó
del viejo olivo
y trajo a Dios hasta Granada.

HEFESTO EN SU TRAMPA

ODISEA, VIII

Trepa cinco peldaños,
le quita trancas a la forja
y con dedos arsénicos
presiona el gran portón.

El titán se yergue al día
brotando de un arco de nubes
afligido en su alma.

Con fuelles y badanas
sana las laminaciones
de una trampa en llamas.
A la infiel cogerá
sin prisas, piensa el ogro
bajo su giba grotesca.

Templa la cota de oro
y encorva unas varillas.
En el quicio de la fragua
Afrodita en silencio
mira a su viejo doble.

NACIMIENTO DE ERNESTO

Mamá trepa la vereda
y recala su extremo
con el paso de un ciego.

Corta sus hombros
con fino surco de luz,
parpadea hasta la mirada.

Resucita su herida
y la envuelve con sus palmas
con sus yemas en una entraña.

Luego aprieta los ojos
sí, aprieta los ojos
y desparrama al mundo
—silueta a silueta—
un día de junio.

GREEN CARD

Why wouldn't they legalize
your dream if it belongs to them?

Translate it properly, please.

¿Por qué no legalizarían
tus sueños si les pertenecen?

¿Si cuando confiscan tus sienes
y te refugias en sus códigos
en el instante más glorioso
representas su mejor suerte?

Migrante, rastro sin origen
insomnio de ti mismo,
diestro en el diario oficio
de fraguar un ser invisible.

PUBLIO OVIDIO NASÓN

SALES DE BALANDRAS, NASÓN

Otoño, 8 d.C. *Publio Ovidio Nasón vacaciona en casa de Marco Aurelio Cota, su amigo y mecenas. En sus alforjas guarda los quince rollos de la* Metamorfosis; *piensa darles una última pulida y hermosearlos con tinte púrpura, extremos de marfil y aceite de cedro. Confía que igualarán en gloria al* Arte de amar. *Ignora que es el último libro que escribe en libertad.*

Más allá de ti mismo, enteramente tú. Heraldo del solsticio de verano, numen último de la Isla de Elba y cónclave de invisibles querubes. Un aroma de cedros mana de *Metamorfosis*, tus papiros reposan sobre una jaula cuajada de hebras doradas. Desde un morro oteas las perlas de Venus tirrénica: nunca sabrás cuándo ni por qué la séptima se desvanecerá bajo el peso de tu ausencia.

RELEGATIO PERPETUA

Un correo imperial atraca en los muelles del Elba: porta el pliego que decreta el destierro de Ovidio a Tomis, una comarca a orillas del Ponto Euxino en los confines del mundo. Ofuscado, el poeta echa al fuego el ejemplar que está revisando. A lo lejos, murmullos agoreros anuncian la mutación de la Muerte en una lejanía sin fin.

Más allá de ti mismo, completamente tú. De fuera en el arte de amar, patrón de un phorminx de siete cuerdas, siervo de anónimas estafetas imperiales. Versarás sin estrado, Ovidio, sin estruendos senatoriales ni mañanas que extiendan tus fémures hasta su trueque en olas de seda. Serás el dorso de tu mirada, rapsoda imaginario al silencio abandonado.

TORBELLINO DE AGUA

Diciembre, 8 d.c. *A poco de zarpar de Italia, el navío de Ovidio sufrió los azotes de una violenta tempestad de invierno. Montañas de agua rompieron en profundos valles hasta agrietar el abismo.*

Flancos heridos por un venero de cristal, batientes enrollados a los astros, bandadas húmedas que horadan el cierzo e incuban un vasto cielo submarino. La sombra de Roma arranca su tumba de la décima ola, atropella las costas del sur. ¡Ah, muro incesante, desplegado ante los ojos insomnes de Dios!

POLARIS

Ovidio y su comitiva cruzan el Corinto y abordan el Minerva *con destino a Samotracia. Para orientarse entre los islotes del Egeo, el piloto mide el norte en proporción a Polaris, único astro que el oleaje no puede oscurecer. Cada vez que el horizonte se colma de bruma, la visión de la estrella abre un atajo.*

Iris gélido, atado a las móviles costas de plata, sotabanco que las tinieblas extraen de una cascada de cielo. Un osario cultiva un laberinto bajo las aguas del Ponto Euxino. Noche atada a un rincón del abismo, *Minerva*, diminuto muñón de una cansada estrella.

TRISTE VISIÓN DE AQUELLA MAÑANA

Al llegar al Helesponto, un aduanero le exige a Ovidio el pago de un arancel. El poeta sabe que el óbolo no le franqueará la libertad, solo conduce a las puertas de la cárcel.

Aparta una línea de éter aleteando de uno a otro crepúsculo, nauta que espejea su mirada y la precipitada fuga en el silencio. Nauta que fragua el horizonte y su emisaria loba de plata. A un oscuro paisano, Ovidio, ofreces una moneda a cambio del óbolo de Caronte.

COPISTAS INCULTOS

Copistas incultos rechazaron mis escritos al instar del pillo cuya pudrición revelé en mi juventud. El servilismo de aquellos reveló el poderío de este, pero ambos ignoran que un buen discurso siempre halla púlpito en Roma. Posteridad, oye estas palabras si quieres conocer al poeta que lees.

Enfundas yemas ajenas y regresas a otro episodio: vuelo de grullas, remos circundando arroyos de luz, rotas nubes en el Estigia. Entonces enderezas tu cuerpo y te disipas en la germanía. Sí, en el incomprensible oficio de enroscarte a nuevos adjetivos.

MARINA DE TOMIS

20 de marzo, día de mi inútil natalicio. Traspaso la muralla que divide a nuestra comunidad, esquivo las rocas hasta llegar a la playa. Débiles luces bogan sobre las aguas del Ponto oriental. Tomo un puñado de arenisca sármata, la misma que un día arrojarán sobre mi ataúd.

El alba habita en su propio augurio.

Atada a su ruinosa semejanza bracea entre borbotones de luz, aparta el roce del frío, el horizonte que extienden las sombras hasta las salvias del sendero. El alba ofrece diminutos cráneos a una bandada de cormoranes suicidas.

REINO ENTRE ESCOMBROS

Dice nuestro amado Cicerón que los sueños se narran solo en la vigilia. A mi lado, padre empuja su báculo entre hileras de parras griegas mientras repite su aviso sobre el aciago destino de todo poeta. Un sueño le habla a otro sueño en los imaginarios parajes del Mar Negro.

Párvulo y entrecano, sueltas un sarmiento de parra griega y te deslizas en otra ocasión. Vas ahuecando anhelos pretéritos, comitivas cargadas de sombras. Abres los ojos en una ciudad empedrada de cráneos de silicio: aquí eres una idea atormentada, allá un alma bilocada entre pesados mástiles; allá sonríes con las fauces del día, aquí descifras tu reino entre los escombros.

ROMA A LA DISTANCIA

10 d.C. Mis amigos conversan en una sala de la biblioteca del Atrium mientras Tibulo recita una elegia recién pergeñada. Al fondo, un grupo de copistas borronea un largo papiro alejandrino. ¡Perdida para siempre, amada Roma! Hoy estampé mis últimos versos en Tomis, siete años antes de mi muerte.

Silencio aupado por el falso cobijo de la aurora, sendero que estrena el fértil combate del cierzo. Sus cormoranes en vilo, la cánula de vértebras que horadan una seca parra de Tomis. Desenroscan tus labios palabras nuevas: *mal, hojma*, acanaladas por las siete bocas del Danubio. Cuando olviden tu exilio, Ovidio, al punto se oirá tu nombre en la arcana lengua sármata.

NINGÚN CUERPO SIGUE LA RUTA TRAZADA

Ovidio extrae de su funda un rollo de Metamorfosis *procurando no rasgar sus letras iluminadas con oro y bermellón. Lee con la tarde encima: "Amigo mío, pido que veas en las mutaciones del ave Fénix el rostro de mi fortuna".*

¡Fénix de Asiria, echa tus extremidades al cénit y llévame hasta la urbe del sol, Hiperión, nutre con lágrimas de incienso y granos marinos tu inefable brillo! Quinientos años ha que formaste tu nido con canela, espigas de suave nardo, cinamomo y mirra amarilla. ¡Fénix, aligera las costuras del pesebre, te imploro, y presta tu rostro a mi fortuna!

EL RESTO ES SILENCIO

Aquí reposan los restos del cantor de tiernos amores, el poeta Publio Ovidio Nasón, perdido por su ingenio. ¡Oh tú, pasajero!, si algún día amaste, no rehúses exclamar: en paz descansen sus cenizas.

Una misma tierra produce de todo: agonía a plazos recorrida por un diminuto muñón de rubí. Portal que varía de sombras, lápida huera, ida con el céfiro. Urna repentina que estruja sus cavidades y ceba amanitas entre las bandadas de cormoranes. Todo lo perdiste, Publio Ovidio, salvo tu voz en el silencio.

MATSUO

EL AZAR O SU REPÚBLICA

Matsuo detiene su paso ante el manantial de Ueno: musita un verso, reclama su anagrama y el goce de las barajas, al fin que iba en vela y se desvía sin remedio. Desciende un bracito en el tiempo y recoge su nombre al azar.

JIRONES DE CIELO

Un bramante azul rasguña la bruma, anticipa su terca unión con el instante. Sembradío de lápidas invisibles, abanico de luz en la vieja tarde. Antes de tomar forma, el verso se posa en las cuencas del testigo nómada. Una fila de anélidos trepa por los pliegues de un viejo ciprés y tu sombra, Matsuo, se envuelve con el pequeño tronco azul. Anidan jirones del cielo en la urna tibia del silencio.

SENDERO

La tarde resbala hasta convertirse en un aljibe de luz,
ruana de muro líquido, arnés de estrella. Un sendero
rasga el acantilado, tu hombro de marfil dobla en cada
esquina: no vaya a ser que yerres sin término por los
pergaminos de abril.

DESTIERRO INTERIOR

Matsuo, varón de tierras sombrías, viajas a hombros de la enjundia, en las meninas de tu mirada. Conviertes los atisbos en una senda y te aferras a sus leyendas, espectro ensortijado de crucecitas negras, de cuclillas, a un lado de la vereda.

FLOR ANTERIOR

Matsuo monta un atadito de palabras, transparente por su redondez. Durante su recorrido pronuncia verbos transitivos, sombras segundas, escala los aires, descubre un instante y lo llena de viejos recuerdos.

28 DE NOVIEMBRE, 1694

Matsuo monta una repetida sombra, la arrastra hasta su impalpable ataúd. Extiende en la penumbra unas alas de cristal, bucea los ojos marchitos entre pérgolas de otoño. La bruma recoge al fin un cuerpo foráneo y lo atavía de nubes. Ave, último vuelo antes de irrumpir en el silencio.

SENDERO FUGAZ

I

El embarcadero.

Las aves vuelan
sobre sus murmullos,
la luna se llena
de cicatrices.

Nace el día.

II

Ocaso en otoño:
intermitentes siluetas
de una mata dorada.

III

Comienza la noche.
Abre los ojos
un cuerpo sin peso.

IV

Un ave se posa en una rama.
Tras un instante de vacilación
las hojas también.

V

La brisa levanta
la falda de la mocita.
Cierra los ojos una mujer.

VI

Pórtico de un templo
en el bosque:
boca desdentada de la noche.

VII

El ciervo cierra los ojos.
La ceguera le asiste
de madriguera.

VIII

La mariposa
detiene su vuelo:
mira fijamente.

IX

Penumbra.
Vislumbro
tus pechos.

X

Amanece de pie:
mi sombra
dibujando un sendero.

XI

Al atravesar el río
su húmeda falda
se convierte en piel.

XII

Pancita de nieve.
¿Sabrán que esconde
un peñasco?

XIII

El eco del acantilado
devuelve la voz.
¡Cuánto he envejecido!

XIV

Resplandece la lámpara.
¿Qué ha sido
de las luciérnagas?

XV

Luna en el río:
tenues remos de plata
bogan a la deriva.

XVI

Tormenta en altamar.
Incólume, una estrella
contempla las altas olas.

XVII

Cae la nieve como
si acariciara
lápidas del camposanto.

XVIII

El mismo cancel.
Para ti que llamas,
para mí que te espero.

XIX

El Santo Cirio
arriba al templo.
Rocía miradas

XX

Mis versos
no los lee nadie.
Salvo tú.

XXI

El sol excava
derroteros en el monte.
Busca en vano.

MAHALIA

I

Esta noche hereda todas las noches, calabozos disueltos en un mismo e ininterrumpido piélago. Noche que empieza la marcha del tiempo: lo vivido es un alegato elegido al azar, nada diferente a la carátula del libro cuyas esquinas despuntan sobre la mesa. Mahalia se detiene ante las ranuras del horizonte: sus cuencas húmedas sonríen al hijo que no ha de nacer.

II

Su pelo roza las mejillas, se abre en rubiones sobre los senos dorados. La alameda alterna faroles, ventiscas y cadalsos de humo. Entonces se vuelve hacia la pared para fundirse en el sueño. Duerme sujeta a la cansada materia de sus pesadillas, al océano que mece imperceptible un antiguo brazo.

III

Mahalia regresa a la mirada guiada por el borde de la penumbra. El instante cae del paseo de la víspera, de la plazoleta habitada por polifemos y hadas de noviembre. Un estrecho filo se abre paso entre las grietas de otoño: Mahalia ha escogido esta noche para develar su materia. Pienso en un Pigmalión al revés: no es mi creación, soy yo la suya. Un camino que lleva al secreto *doppelgänger* de su vientre.

IV

Salimos a caminar bajo la blanda noche fría. Es María, Marisela o Mariana, nunca Mahalia. En la baja ciudad danubiana de negros vehículos y siluetas zigzagueantes, sus labios entreabiertos catan la brisa, traducen su fragancia en tibieza. Recorremos la mirífica Plaza de la Unión y busco su rostro en los ojos que la contemplan. Ella sonríe y su penetrable mitad tira de tenues cuerdas que me devuelven a sus labios. Filas de peatones, manos enguantadas e inmóviles, un arbusto escarchado. Mahalia gira los brazos en torno a su cuerpo, íntima como un retiro, ávida de las luces que se bifurcan con las estafetas de la noche.

V

—Siéntate a mi lado, quiero respirar en tu boca —susurra mientras revuelve sus manos bajo el suéter y deja entrever su vientre de nácar. Rodea mi cuello, alisa su pelo, aspira hondo el aire de Timişoara y exhala en mis pulmones. Por un instante, soy el aliento que le da vida.

VI

Me refugio en su mirada de señora señorita y dejo de existir. La noche adelanta sus laberintos traduciendo siluetas cada vez más distantes. Con ademán de rendición se acerca y me pega su ardiente medio. Y entonces me invade la incontenible visión del día en que la brisa dispersará las cenizas de mi cuerpo y la sombra de Mahalia pasará junto a mi lápida sin detenerse.

EPÍLOGO

GERMÁN A. DE LA REZA ENTREVISTADO POR ADOLFO CÁCERES ROMERO[1]

ACR: *Gran parte de tu vida ha transcurrido a caballo entre varios países. Antes de abordar ese tema me gustaría saber cuáles son los recuerdos más persistentes de tu natal Cochabamba.*

GAR: Algo que resume mi infancia cochabambina es el viejo caserón de la calle Reza, a media cuadra del Prado. Lo construyeron mis ancestros a principios del siglo XX en lo que era entonces el primer suburbio de la ciudad. Sus anchas paredes, algunas de un metro de grosor, se prolongaban en un sótano de piedra que hacía las veces de depósito y sistema de ventilación. Allí se almacenó la herencia de mis bisabuelos: dos veleros con los mástiles rotos, decenas de cofres, tres o cuatro espejos biselados, una mesa de billar, una misteriosa lápida con la inscripción incompleta, muchos cuadros, una espléndida vajilla de plata y los paneles de la central telefónica que mi bisabuelo fundó en los años 20. Ese sótano fue importante para mí y aún para mi generación: en un reciente viaje a Cochabamba encontré a personas que tenían vívidos recuerdos de un recinto que fue derruido hace una treintena de años.

También me asalta la memoria de Santa Cruz y de su centro de operaciones: la casa de mi abuela situada en la luminosa avenida del Cristo. Si mi presencia en Cochabamba podía calificarse de tranquila y dedicada a la lectura, Santa Cruz compensaba esos sosiegos con su despliegue de

---

[1] Entrevista hecha por el novelista e historiador nacido en Oruro en septiembre de 1937 y fallecido en Cochabamba en diciembre de 2023.

sensualidad y naturaleza avasallantes. Crecidas del Piraí, boas, caballos salvajes, tábanos, arañas de gran tamaño, aserraderos por doquier, palosantos, lagartijas, frutos de sabores nuevos... La ubicua selva cruceña podía ser hostil e inquietante, aunque por las tardes daba paso a las maneras suaves y francas de un pueblo alegre. Sé que esa ciudad subsiste sólo en los álbumes de las viejas familias; cada vez que visito Santa Cruz empleo una o dos tardes en peregrinar por los lugares que amo y ya no existen.

¿Y tus estudios básicos, tus primeras lecturas?

Fui alumno del Instituto Americano durante diez años, década que formó el mundo de las memorias y amistades duraderas. Su biblioteca, administrada por Carol Salazar, una joven profesora de inglés que años después enseñará literatura latinoamericana en Cornell College, albergaba un millar de libros y una magnífica colección de la Editorial Aguilar. De esos años datan mis lecturas de Dostoievski, Unamuno y Pérez Galdós; también de clásicos nacionales, como Franz Tamayo, Ricardo Jaimes Freyre, Jesús Lara, amigo cercano de mi abuelo, y Augusto Céspedes, a quien llegué a conocer en la sede parisina de la UNESCO.

Pero mi contacto con la literatura inglesa, importante en esa etapa, no empezó en el Amerinst, como cabría esperar, sino en la pequeña biblioteca de mi padre y sus libros de Dickens, Mark Twain, Stevenson, Poe y Hemingway, entre otros. La lectura de varias obras de cada autor me enseñó a distinguir lo que efectivamente es un estilo: suma de rasgos propios que permanecen en más de un libro. A esas obras agregué otras que leí incontables veces: *Muerte por el tacto, Trilce, Ficciones* y *Visión de Anáhuac.* También fueron importantes los libros que recomendaba César A. Guardia Mayorga, mi abuelo, o Werner Guttentag, el legendario editor alemán cuya librería estaba en una populosa esquina de la avenida Perú.

¿Cuáles fueron las razones para mudarte a Lima siendo aún adolescente?

Que mi abuelo fuera un destacado filósofo peruano autorizó mi deseo, insistente desde que cumplí catorce años, de terminar el colegio en Lima. A pesar de esos auspicios, empero, mi estancia en esa ciudad no desembocó en la proyectada formación escolar, sino en una inusitada ampliación de mis lecturas. Durante dos años me dediqué a leer una variedad de géneros, incluyendo los diez tomos de la antología de Marcelino Menéndez Pelayo y la vasta colección de filosofía griega de mi abuelo. En mis ratos de descanso visitaba las librerías de viejo en el centro de Lima o inspeccionaba la biblioteca familiar, seleccionando los libros que empezaría a hojear horas después. De esa época data mi primera plaqueta de poemas, una lamentable mezcla de formas arcaicas e invocaciones telúricas. No fue mi primer escrito: a los ocho años gané un concurso de poesía en el Amerinst.

Poco después viajaste a Europa, prácticamente para siempre.

117

¿Por qué?

Dos hechos explican el revés de mi proyecto educativo en el Perú: una beca para estudiar en Bucarest y mi vínculo con Francia, el primer país que me cobijó en Europa y que al cabo de una vida sigue gravitando en mis actividades intelectuales: allí estudié dos carreras, di clases en las universidades de París y Toulouse, publiqué varios libros y fui honrado con amistades importantes. Para bien y para mal, me enseñé francés leyendo la *Historia de Francia* de Jules Michelet y *En busca del tiempo perdido* de Marcel Proust. Cuando llegué al quinceavo tomo de la edición Gallimard, *El tiempo recobrado*, tuve el presentimiento de que ese idioma ya no tendría dificultades para mí. Lo comprobé leyendo de un tirón *Viaje al fondo de la noche* de Céline y *Las memorias de Adriano* de Margarite Yourcenar. Es uno de los idiomas que hablamos cotidianamente en casa, y aunque no dejo de cometer errores de principiante, procuro mantener mi producción intelectual en esa lengua.

Varios de tus trabajos se refieren a Rumania, a su gente, a sus lugares. ¿Por qué es tan importante?

Radiqué casi un lustro en la que es mi segunda patria. Allí aprendí el sentido de la amistad y la ética de quien asume un destino intelectual en la adversidad. Tuve y tengo incontables amigos, entre ellos algunos de sus mejores escritores, Nichita Stănescu, candidato al premio Nobel antes de los cuarenta y cinco años, e Ion Stratan, líder

118

de la generación de los ochenta. Aunque oficialmente estudiaba en Timişoara y Bucarest, empleé mi tiempo en recorridos por el país conociendo ciudades, poblados, cooperativas, fábricas y centros universitarios. En paralelo leí e intenté traducir los poemas de Vasko Popa, Dylan Thomas, Seamus Heaney, Sylvia Plath, Georg Trakl, Hörderlin y otros. Ese periodo modeló algunas facetas de mi personalidad. No me refiero a rasgos específicos, sino, como decía, a mis convicciones sobre la misión del intelectual más allá de ideologías, partidos políticos y apetencias de poder. Cuando supe que la vida me llevaría por otros rumbos, traduje una antología de la poesía joven rumana y la publiqué en México. Hace unos meses se tradujo una antología de mi poesía al rumano y pude presentarla en 2023 en un festival literario en la ciudad de Piteşti. Fue la ocasión de reunirme con amigas y amigos, Coman Lupu, Alexandru Ciolan, Mihaela Helmis, Adela Kun, Mari Sterea, Stela Martac y muchos otros.

¿Qué otros países marcaron tu vida?

Viví en la India casi seis meses; inolvidable experiencia que prolonga mi biblioteca y una pequeña colección de mándalas. A mi regreso a Europa después de esa estancia fui contratado por la Universidad de Estocolmo como editor coordinador de una revista de estudios latinoamericanos: fue el inicio de una estadía que duró cinco años, sin contar los veranos nórdicos de mi época de estudiante. Allí obtuve mi primer contrato académico y modelé mi disciplina laboral. Creo que Suecia es el mejor lugar del mundo para quien tiene objetivos profesionales de largo aliento: su respeto y su reconocimiento al compromiso profesional son un estímulo incomparable.

Durante ese periodo mi rutina se componía de lecturas científicas y la preparación de análisis sobre los procesos de integración latinoamericanos, aunque nunca dejé de estudiar a los clásicos: *La divina comedia*, la *Antología palatina*, los *Eddas*, el *Gilgamesh* y volví a leer series de obras de cada autor: Lezama Lima, Gunnar Ekelöf, Beckett, Camus, Sartre, Cortázar, Clarice Lispector... En algún momento pensé quedarme a vivir en Suecia y combinar sus espléndidos veranos con inviernos en Sudamérica o en el sur de Francia, algo más fácil de proponer que de realizar.

¿Cómo llegaste a México? ¿Te sientes cómodo en ese país?

Luego de un congreso de americanistas organizado por la Universidad de Estocolmo, la Universidad Autónoma Metropolitana me ofreció una cátedra de profesor invitado. No dudé un instante: necesitaba recuperar esa patria profunda que es el idioma materno. Llegué a México por un año. Poco a poco, sin embargo, el rompecabezas que el destino armaba a mis espaldas cristalizó sus formas y ese país se convirtió en mi hogar. La Ciudad de México y la UAM me dieron el tiempo y los recursos para escribir, la experiencia de librerías casi infinitas y la cercanía de personajes importantes para nuestra cultura. Hace unos meses cumplí veintisiete años de residencia en la metrópoli que bendijo mi vida con su incansable generosidad.

Indudablemente la poesía es mejor apreciada en su lengua original, pero ¿qué piensas de la lectura de las traducciones?

Pocos poetas pueden prescindir del nervio genuino que es el idioma materno. Estoy convencido, sin embargo, que la *lectura* de grandes poemas funciona mejor cuando se apoya no solo en el original, sino en las traducciones. Interpretar una partitura permite al pianista develar sensibilidades que son contribución y descubrimiento. Lo mismo ocurre con las traducciones de poesía: destapan significados que solo la múltiple interpretación advierte.

Esa convicción no es ajena a que viva rodeado de diccionarios bilingües, libros en varios idiomas y numerosas traducciones, a menudo de una misma obra. Del *Barco ebrio* de Rimbaud conservo seis traducciones españolas, una en inglés, dos en rumano y una más en portugués; lo propio puedo decir de las obras de Plath, Ovidio, Horacio, Dylan Thomas y Poe. No tuve un plan definido al procurármelas, pero su lectura me proporcionó la experiencia material de la polisemia en la literatura. En algunos casos agregué mis propias traducciones, iniciadas como ejercicios y continuadas después cuando descubrí giros y significados insospechados. Hace unos años intenté traducir *El aparapita* de Jaime Sáenz al francés, pero los resultados fueron desalentadores. Aprendí con ello que la traducción debe acometerse solo al idioma materno.

Dos de tus libros han aparecido en España, Sistemas complejos *y* En el reino de las teas. *¿Estás familiarizado con su literatura, qué tienes que decir sobre el Siglo de Oro?*

Doppelgänger, distancia interior, mi último libro de poesía, también vio la luz en España, el único país del que podemos estar seguros que nunca desaparecerá la poesía. En periodos sucesivos he admirado la empresa lingüística de Góngora y la superioridad creativa de Quevedo, nunca al mismo tiempo, quizá porque responden a estados distintos de la creación y la lectura. Sus diferencias, al origen de sólidas teorías literarias, me absorbieron durante un tiempo, aunque debo confesar que he olvidado sus argumentos. En cambio, guardo gratitud por fray Luis de León; no es extraño que mis horas de insomnio las explore algún verso de *Noche serena.*

También admiré a los poetas del segundo Siglo de Oro: Vicente Aleixandre, Antonio Machado y Juan Ramón Jiménez, principalmente. Famosos en mi infancia, los leí detenidamente para conocer en sus entrañas los espléndidos giros ibéricos. Aunque parecen no estar en el gusto de hoy, el universo que crearon fue primordial para el apogeo de la poesía en el siglo XX.

Tus respuestas trasuntan claridad y precisión, formas animadas. ¿Nunca pensaste en escribir un cuento o una novela?

La certidumbre de los libros científicos (he publicado una veintena de ellos) es incompatible con los laberintos inestables de las novelas. Eso podría explicar mi relativo desinterés por la ficción de largo aliento. Con todo, hace dos años publiqué en México *El cuaderno de Timişoara*, una novela histórica sobre la revolución de Rumania, a donde regresé en 1989 como corresponsal de prensa. Empecé a escribirla por episodios, uno o dos párrafos a la semana, con decenas y centenares de revisiones a lo largo de seis años. Pienso que su valor estriba en el testimonio histórico y no sé si tenga suficiente interés para el lector de hoy, aunque puede servirnos de indicio el elevado número de reseñas y que uno de los mejores hispanistas, Coman Lupu, la haya traducido al rumano.

¿En la lejanía, la literatura boliviana está presente en tus lecturas, en tu reflexión literaria?

Hace poco publiqué en México una monografía consagrada a la vida del potosino Benedicto Trifón Medinaceli y su *Proyecto de unión latinoamericana* de 1862. Para mi sorpresa resultó ser uno de los mejores ensayos americanistas jamás escritos, género en el que despuntaron personajes de la talla de Justo Arosemena, Juan B. Alberdi, Francisco Bilbao, José María Torres y Bernardo de Monteagudo. Llama la atención que ninguna de las editoriales bolivianas se aviniera a publicar la edición crítica de este ensayo; es una curiosa renovación del silencio que enterró su obra durante siglo y medio.

123

¿Cómo ves tu futuro, tienes planes de mudarte una vez más?

Durante varios años fui profesor visitante del posgrado de la Universidad Estatal Paulista, lo que me deparó gratificantes estadías de conferencista; formo parte del consejo editorial de mi universidad mexicana y he sido incluido en la Comisión panameña del Bicentenario del Congreso anfictiónico de 1826; tengo invitaciones pendientes de las Universidades de Georgetown y York, y desearía volver a los países de mi juventud universitaria: Francia, esta vez acompañando a mi hijo Alan, y Suecia, donde está la mayor parte de mi biblioteca. Estos proyectos se alimentan menos de un afán nostálgico, muy legítimo, por cierto, que de la necesidad de consolidar la recepción de mis libros en la decena de países donde tuve la fortuna de publicarlos. Con todo, es poco probable que la publicación de *Génesis de la supranacionalidad europea* y *Silencio en el Paraíso*, mis libros en proceso de edición, vaya a alejarme por mucho tiempo de la sedentaria actividad de escritor.

ÍNDICE

Matsuo

Sendero fugaz

Mahalia

Epílogo